뒤돌아보기

| 한국대표정형시선 068 |

뒤돌아보기

오영빈 시조집

고요아침

■ 시인의 말

이 길에 들어선 지 까마득하건만
아직도 동구 밖 언저리에서 맴도는 형국이다.
못나고 부끄러운 생각이 찬물때처럼 밀려오지만
길벗인 시조 가락이 거미줄처럼 몸에 엉겨 붙어
한살이 마감까지도 헤어나지 못할 것만 같다.
숙명이라면, 매달려 마구 뛰고 뒹굴고 즐기고 싶다.
누가 아는가!
거미줄에 매달린 영롱한 이슬방울 같은 신선한
시조 몇 편 움켜줠지.
이것이 노을 길을 걷는 나의 유일한 바람이다.

2023년 봄에
관악산 자락에 살며
오영빈

■ 차례

시인의 말　　　　　　　　　　　05

제1부 / 기어이 오는 봄

꽃샘추위　　　　　　　　　　　13
기어이 오는 봄　　　　　　　　14
개화　　　　　　　　　　　　　15
산은　　　　　　　　　　　　　16
산행에서 1　　　　　　　　　　17
산행에서 2　　　　　　　　　　18
산행에서 3　　　　　　　　　　19
산바람　　　　　　　　　　　　20
스마트폰 웃음　　　　　　　　　21
먼 길 여행 앞두고　　　　　　　22
비닐봉지의 말　　　　　　　　　23
초록 기운　　　　　　　　　　　24
처서處暑 무렵　　　　　　　　　25
귀갓길　　　　　　　　　　　　26
반딧불이 추억　　　　　　　　　27
뒤늦은 후회　　　　　　　　　　28
달마고도를 걷다　　　　　　　　29
≪영주 시조≫ 2집에 부쳐　　　　30

제2부 / 뒤돌아보기

밥상머리 추억	33
파문波紋	34
니가 지금 나라면은	35
천수답天水畓, 먼 추억	36
내 몸이 천금이다	37
허튼 생각	38
돌아보기	39
두륜산	40
쌀 한 톨이 천금	42
작명도 이쯤이면	43
열쇠고리	44
수수깡안경	45
후회	46
오늘은	47
늦은 벼, 들녘에서	48
마음이 어리니	49
출판 보국出版報國 액자	50
달팽이 생각	52

제3부 / 마스크 세월을 건너며

코로나 2제二題	55
절체절명, 속도 조절	56
재난지원금	57
지구 시간을 보며	58
지독한 발전, 그 뒤	60
종로로 이발 간다	61
노점상	62
할머니 만두	63
어떤 행군	64
가까운 타인	65
당연한 걸, 뭘 그래	66
밤송이	67
해거름의 찬바람	68
가을, 기막힌 날씨	69
금 나와라 뚝딱	70
심봤다! 듣고 싶다	71
목포 기행	72
단방약	74

제4부 / 가는 길 목목이

고슬고슬 백 세	77
남도 탐할 시 한 채	78
믿음만 감발하니	79
노을에 서다	80
개명	81
해 있을 때	82
무위無爲의 날	83
저들이 궁금하여	84
항간의 말 귀담아듣고	85
내부 수리 중	86
여름휴가	87
불면不眠	88
운전, 나이 제한 딸막이는데	89
가는 길 목목이	90
뉘시더라	91
종각역鍾閣驛	92
읽고 쓰기로 종 치자	93
투표&	94

제5부 / 열린 세상을 탐하다

아주 개인적으로	97
열린 세상을 탐하다	98
똥고집	99
국정화國定化	100
누군들 태극기 앞에	101
탄歎, 불가역不可逆	102
함께 노래를	103
어떤 두 처지의 직격直擊 비교	104
낮달	105
토론을 보며	106
초록동색	107
시장의 죽음	108
오바마의 뒷모습	109
산불 조심	110
트럼프의 현기증	111
해설_서정과 어우러진 빛나는 경륜의 미학 /정용국(시인)	112

1부

기어이 오는 봄

꽃샘추위

숫제 해코지다, 해종일 진눈깨비
입춘방立春榜 구겨진 체면 안쓰레 바라보며
스미는
한기寒氣 보듬고
아랫목을 찾았더니

기어이 오는 것을, 어련히 와 있을까!
복수초 꽁무니 쫓아 꽃 소식 전국 배달
한복판
봄 길에 서서
꽃길 찾는 경망아

기어이 오는 봄

계곡에는 갯버들이 한가득 피었는데

봄을 대놓고 윽박지르며 밤새 산마루를 점령한 눈이 그 아래 계곡을 향해 진군하다 더운 기운이 모락모락 피어오르는 걸 보고 화들짝 놀라 하얀 차일을 치는 둥 마는 둥 퇴각한 아침 풍경입니다

글쎄요, 봄을 이기는 겨울도 있을까요?

개화

터질 듯 부퍼 오른
꽃망울의 저 발싸심

더는 다독일 수도
참을 수가 영 없어서

일내듯
옷섶 풀었어요
다들 웃네요, 나를 보고

산은

산은 언제 들어서도
무거운 침묵이다

무심인가 무시인가
성자의 기품인가

사방이
열려 있는데 뭐,
자주 오면 알 거야

산행에서 1

노을 길 함께 걷는 선배가 물어 왔다
북한산을 몇 번이나 올랐나, 글쎄요…
미간에 흐르는 실망, 같이 못 놀겠구만!

내가 산행을 말하다니 부끄러운 용기다
그날 이후 관악산 자락 둘레길을 붙들고
닳아진 신발 속에서 굳은살을 다스렸다

둘레길 만만해 봬도, 오르막길 내리막길
거칠고 가파른 길 평평하고 부드러운 길…
산길이 내게 말하네, 삶이 다 저와 같다고

산행에서 2

큰비가 온 뒤끝 산 곳곳은 상처투성이
패이고 갈라지고 기억마저 싹둑 지운
맘먹고 손을 보았네, 엇길까지 내었다

산길은 편리를 담은 우리 길이 아닌가
삼가라! 그런 말장난 산의 일갈 듣나니
낮은 곳 수직을 좇은 내 길 손대지 마!

산행에서 3
― 포물선의 정점은 곧 떨어짐이다

오를 때에 벌써
내려갈 걸 염려해야

정상에 오른 환희
항용인 줄 머뭇대면

때 잃은
하산의 둘레
메아리도 깊은 잠

산바람

미루나무의 전갈입니다
바람이 한창 재롱이라고

창문을 열어젖힙니다
키다리 몸짓을 믿고

우르르 몰려오네요
가슴 서늘한 산바람

스마트폰 웃음

까르르 까르르 가을 공원
벤치가 들썩인다

스마트폰에 풍덩 빠진
두 연인의 웃음소리

못 본 체
코스모스가
하늘 가득 너울거리네

먼 길 여행 앞두고

여행이 주는 보람 길이보다 깊이일 것
작심으로 지은 매듭 짐 푸는 그날까지
설레임 박동이어라 연인 생각 그 기분

아는 만큼 보인다기에 마련마련 챙길 때
짐 가볍게 몸 가뿐히 생각은 새털구름
이 시간 다시 없을라, 가슴에 비손하고

심약하면 떠나랴 마음 그냥 내려놓지
호기심의 아우성을 발치에서 들으면서
마침내 삽짝을 열자 들이치는 푸른 햇살

비닐봉지의 말

구기고 내박친들 괘념치 않습니다
다소곳 열린 가슴 뜻대로 요량하서요
무엇을 낯가림하리 더불어 서민인데

귀한 것 금붙이야 제가 감당 못합니다
정신 깜박, 잃어버려도 재수 탓만 하고 말
일상의 소소한 것은 다 제게 맡기세요

가볍지만 입 싸지 않은 지퍼 올림입니다
긴히 쓰고 눈길 거둔들 내색 어찌합니까
누구도 못 믿을 세상 손닿는 데 놓아두세요

부탁 있어요, 절 아무데나 버리지 마시길
뜻하지 않았어도 바다로 흘러든 내 몸에
휘감긴 물개며 거북이가 죽어가고 있어요

초록 기운

내 발이 헤집은 흙
아내 손이 매만진다

나뭇잎만 한 텃밭에
푸성귀가 넘쳐나네

여름날
쌈밥 한입에
졸음 스륵 생기어

처서處暑 무렵

내지르듯 울어대는
참매미며 쓰르라미

간데족족 시비조로
달려들던 모기떼가

처서네
항의들 갔나
그 부재가 좋구나

귀갓길

귀갓길 풀숲에서 훅 가을 냄새 맡는다

아, 가마솥 여름이 이렇게도 짧은 것을

덩달아 귀뚜리 울음, 인생은 더 짧아요

반딧불이 추억

좀 나가봐라, 느그 아부지 어디 오는지

아버지는 장날이면 으레 배다리* 주막에 들르면 날 저무는 줄 모르셨다 '술이 그렇게 묵고 자프까, 술이 웬수다!' 어머니의 날선 푸념 등에 지고 달도 없는 밤, 나는 좀 무서웠지만 또래 개구쟁이들과 낮에 개울가 풀숲에서 잡아 온 개똥벌레 생각에 군말 없이 삽짝을 나섰다

병 속에 갇힌 반딧불이 반짝반짝 훤했다

* 오래전, 간척지가 들어서기 전에는 거룻배가 드나드는 곳이어서 '배다리'라는 지명이지만, 우리 동네에 딸린 곳이다. 한길 가에 예닐곱 집이 있었는데, 유일하게 일용품도 팔고 주막 구실도 하는 상점이 있었다. 그곳은 집에서 장터까지 꼭 중간 정도로, 직선거리로 800미터쯤 된다.

뒤늦은 후회

단호히 탁 터뜨려 찢고 째고 꿰맬 일을

우물쭈물 질질 끌다 덧나고 곪은 후엔

다잡지 못한 순간이 두고두고 아리다

달마고도*를 걷다

벼랑 끝에 자리 튼 도솔암** 찾아갈 때

그 길 '달마고도'라 이름 짓고 중생 발길 염려하는 길 공사를 할 적에 생가지 하나라도 아프지 않게 있는 대로 생긴 대로 내버려 두듯 하되 부득불 손볼 양이면 길 내는 쪽 생각을 따르라고 다짐다짐 일렀다니,

그 도량 주인 말씀에 먹먹한 하루였네

---

* 達摩古道 : 해남 땅 끝에 있는 달마산 미황사(美黃寺) 둘레 산등성이를 둘러 난 기다란 길. 차마고도(茶馬古道)를 연상케 하는 이름이다.
** 兜率庵 : 통일신라 때 의상대사가 창건했다고 전해지는 미황사에 딸린 암자.

≪영주 시조≫ 2집에 부쳐
― 「내 안의 너」를 보고

금방 손에 잡힐 듯한 낯익은 글감들이
도공이 갓 빚어 놓은 명품 가마 속에서
한두 점 담으려다 말고 삼태기로 퍼 담네

저 고운 때깔 속에 어릿어릿 더운 숨결
서로 다른 보법에도 깨금발로 줄을 서서
익어진 가락에 실어 한마당 경연이네

2부

뒤돌아보기

밥상머리 추억
— 다 때가 있지야

감꽃을 줍던 아이가
빨간 감을 그리자

다 때가 있지야,
세월 무지를 수는 없고

될 일도
그르친단다
참을 줄도 알아야

파문 波紋

무심히
돌 하나를
호수에 내던졌다

뜻 모를
아우성을
물결이 싣고 간다

세상은
늘 저 파문에
반응하는 소용돌이

니가 지금 나라면은*

끊긴 듯 이어지는 갑질 소식 불편하다

입장 바꿔 생각을 해봐 니가 지금 나라면은 그럴 수가 있겠니 긴 노래 재치 있게 따라 부를 수 있으면 좋으련만 아휴, 숨차 한다면 한 소절, 딱 그 한 소절만 내 노래 십팔 번에 올려놓고 그 날부터 중얼거리면,

그런 일
어이 하리야,
나는 벌써 너일 테니

* 김건모의 노래 「핑계」에서 차용함.

천수답天水畓, 먼 추억

기억 저편 묻힌 말 천수답을 아시나요
농사철 가뭄에는 물싸움이 예사였고
물길의 순번을 타면 밤샘도 즐거웠다

밤이슬 둘러쓰고 까만 밤을 건널 때면
간간이 부엉이 울음 먼 산에서 달려와
졸음을 건듯 쫓아준 고마운 동행이었다

문전옥답 아니면 거개가 다 천둥지기
물대기 때 놓치면 쭉정이만 담는 허망
기어이 지켜내었네, 시쳇말 골든타임!

내 몸이 천금이다
― 누이에게

진기 다 빠진 몸 어찌 그리 수손瘦損한지
일손마다 붙임딱지 '내 몸이 천금이다!'
했던들, 그리 됐을까 그런 생각 들었지

큰아이 검사이고 둘째는 박사라지
그 아비 술잔 속에 고운 말이 첨벙대도
만사가 부질없어라 체면 불구 고갯방아

해묵은 시간 밭에서 기억 하나 주웠지
말본새며 행동거지 수굿한 누이 모습
내 머리 텅 빈 자리로 똬리 틀고 앉더군

바람을 품은 날은 부사리라 소문났고
오늘은 문전 보람 이웃들이 넘겨본들
해질녘 낮달이어라 강마른 내 누이야!

허튼 생각

물길에
얹혀가는
저 숭어 떼를 보라

천시*를
얻음이다
이동행렬 장관이다

나도야
천시를 탔네
눈앞 가린 만선이여!

* 天時 : 숭어 떼가 물길을 따라 이동하면 힘들이지 않고 먼 길을 갈 수 있다고 한다.

뒤돌아보기

늦게나마
천 길 물속 거북 등에 바람 하나 묶는다
늦게나마 물정 짚어 남은 구간 내달으면
헛디딘 숱한 자취가 새살 돋듯 지워질까

오늘은 푸른 하늘
돌부리에 넘어지고 길 탓하던 때였어라
시리도록 헐거운 몸 이슬 떨던 새벽녘
모든 게 마련이려니 오늘은 푸른 하늘

두륜산*

내 고향 유년에는 두륜산이 전부였네
크고 높고 늠름한 산 어디에 또 있을까
안개 낀 산허리께는 신령 기운 흐르고

산속은 아니지만 산을 지고 사는 마을
뒤에는 주작산**이 병풍처럼 둘러섰고
서쪽은 두륜산이 늘 가슴을 뛰게 했네

그 정상 세 개 봉***은 오순도순 키 재며
천년 가람 대흥사를 전란에도 지켰거니
날마다 바라보지만 뉘도 나지 않던 산

어릴 적 그날의 믿음 평생을 달고 사네
살면서 본 더 높고 큰 산을 다 지운 채
오늘도 여실하리니 내 맘 속 하늘인 산

산을 보고 살았으면 산을 좀 닮았어라
오늘은 나그네 되어 그 산 앞을 지났어도
눈가린 삶의 헐거움 건성으로 보고 왔네

* 頭輪山 : 대둔산(大芚山)이라고도 부름. 해남군 북일면, 북평면, 삼산면에 걸쳐있는 산. 해발 703m. 천년 가람 대흥사를 품고 있으며, 그 정상에 오르면 멀리 제주도가 손바닥처럼 누워 있고, 남도의 자잘한 땅끝 풍광이 아기자기 아름답다.
** 朱雀山 : 강진군 도암면, 신전면과 해남군 옥천면, 북일면에 걸쳐 있는 산. 해발 475m. 산세가 봉황이 날개를 활짝 펴고 나는 듯하다 하여 주작산이라 부른다.
*** 가련봉 703m, 노승봉 685m, 두륜봉 630m.

쌀 한 톨이 천금

농부의 아침은 먼동 밀고 시작한다

요즘은 거개가 다 이앙기로 모를 심지만, 끝나도 끝난 게 아니듯 심은 뒤 군데군데 빈 곳이 눈에 밟힌 농부는 기어이 새벽잠 떨치고 먹이 찾는 왜가리 눈빛으로 기계가 헛손질한 자리를 콕콕 짚어내 한 땀 한 땀 수놓듯 손으로 모를 심어 비로소 모내기를 끝낸다 사통팔달 줄 잘 맞게 심어진 모는 이제 해와 바람과 비의 몫! 물 타박 않게 비가 넉넉하게 와야 하고 햇볕과 바람은 끊임없이 들락날락 울력하여 그에 어엿한 성년의 벼로 키울 것이니,

농심은 예나 지금이나 쌀 한 톨이 천금이다

작명도 이쯤이면

야생초 도록圖錄 보기가 게임보다 더 재밌다

 희한한 식물 이름이 다복솔로 들이차서 이내 덮지 못하고 눈 부비며 보게 되네 — 어머니를 이롭게 하는 익모초를 비롯하여, 며느리밑씻개 며느리배꼽 털불알꽃 홀아비바람꽃 너도바람꽃 나도바람꽃 변산바람꽃 홀아비꽃대 흰처녀치마 가는돌쩌귀 기생여뀌 쥐방울넝쿨 애기똥풀 뚱딴지 개망초 강아지풀…

 작명도 이쯤 이르면 영락없는 시인이리

열쇠고리

여행길에 이끌리던 울긋불긋 열쇠고리
그곳 사람 솜씨며 삶의 모습 보인 것들
하나둘 모은 게 벌써 두름으로 엮을 만

어린 것들 찾아오면 너 주랴, 자랑한다
소용이 없기로서니 이리도 다부질까
이걸 다 어디에 써요?
와르르 지워지는 내 흔적

수수깡안경

어려서는 안경이 늘 갖고 싶었는데
수수깡안경을 쓰고 에헴 놀이할 때
돌진한 꼬맹이 주먹에 움찔하던 내 눈

안경알이 없는 데도 있는 것으로 치고
그것은 무언의 약속 아플 리가 있는가
엉너리 빤한 몸짓에 껄껄대던 너와 나

쌓이는 별빛 너머 꿈에서도 웃었거니
한낮도 침침한 눈 잔뜩 흐린 시력이라
이즈음 진짜 안경이 짐인 양 불편하다

참 많이도 보았구나 저 안경 의탁하여
숱하게 눈여겼음은 오래 산 증표일 터
잘 보고 움직였는지 새삼 뒤돌아본다

후회

벼메뚜기 한 쌍이 인기척에 폴짝 뛰어오른다

내 어린 날, 벼가 누렇게 익어가는 저녁나절 논두렁에서 메뚜기를 잡다보면 한꺼번에 두 마리 잡기가 일쑤였다 이것들 금슬이 어찌나 좋던지 덩치가 곱쟁이나 큰 암컷이 지아비를 번쩍 업고 사랑의 전원을 꽁무니에 감추고 해종일 먹은 것도 없이 톡톡 튀는 가을 햇살을 온몸에 두르고 짝짓기 삼매에 빠져 있던 걸 나의 메뚜기 사냥은 그 의식의 진지함을 틈탔기에 집는 재미가 쏠쏠했지만,

이즈음
문득 생각난다
그때 외톨이 메뚜기만 잡을 걸…

오늘은

가늠조차 못하고 절개지 앞 서성이네

구름 솔기 붙들고 색실 땀땀 놓았는데

오늘은 우듬지 끝에 바람 굵기 세다니

손끝에 끼친 미열 온몸으로 번져나네

백목련 너른 웃음 목을 칭칭 감았는데

오늘은 눈발 속에서 흰나비를 찾다니

늦은 벼, 들녘에서

빈 들녘 드문드문 지켜선 벼가 있다
가을걷이 늦었지만 탱글탱글 여물어서
따가운 햇살을 지고 고개 한껏 숙였다

참말로 오지지라우 대견해하는 저 농부
그 결실 초조와 땀 안중에도 없다는 듯
한 열흘 늦게 심고도 이렇게도 실하요

품삯이나 나올는지 쭉정이만 키울는지
가뭄 뒤 살진 흙의 한살이를 지울 수야
셈법은 하늘에 얹고 땀께나 흘렸지라우

풍년! 다 뻘소리요, 쌀금이 너무 없소
비룟값 농약대에 휜 허리로 받힌 세월
내 몫을 내가 대기도 이리 힘이 드네요

쌀밥 실컷 먹어 보는 게 소원이던 소년은
해거름 햇살 거슬러 애년矣年 고개 넘는데
먼 추억 부려놓고 가는 무심한 가을 바람

마음이 어리니*

종심從心에야 세상 물정 까막눈 떴다면
두 분이 다 먼 곳에 계시기에 망정이지
아시면 대뜸 멍충이! 올해 너 몇이더라

늑장도 이런 늑장 장딴지에 피 났것다
말라 버린 속울음도 남 볼까 저어한데
오뉴월 뻐꾸기 울음 적막 가슴 헤집네

어린것들 걷는 양은 넘어져도 즐겁더라
때로는 모자람이 편할 때도 있잖던가
달고 산 어린 마음이 붉은 노을 탐하네

* 고시조 서경덕의 「마음이 어린 후니」에서 차용함.

출판 보국出版報國 액자

눈 많이 온 이듬해는 곡식이 잘된다던데

연전에 들은, 어느 오래된 학습서 전문 출판사 늙은 회장님의 경험담 하나 환청으로 듣나니 ― "뭐니 뭐니 해도 풍년이 드는 해는 도농都農 가리지 않고 인심이 먹물 번지듯 스미어 금방 동네방네 생기가 돌고 사람들 얼굴빛이 솜털구름처럼 환하게 피어나던 걸 어느 해더라, 출장 길에 면소재지 장터를 지날 때 주막에서 누구 주머니가 인심을 푸는지 몰라도 '내 술 한 잔 받으라!'는 질박한 목소리가 왜 그리도 크게 들리던지 풍년이 든 이듬해 출판사의 신학기 준비는 그야말로 번갯불에 콩 구워 먹듯 다투어 편집진이 야근도 모자라 철야근무를 하며 책 밥을 두툼하게 엮어 서점에 내놓으면 학부모들의 마음은 한결같이 책밥이 많은 쪽으로 금방 손이 가더군 그저 좋은 내용을 듬뿍 실어 알차게도 꾸몄구나 하는 순박한 믿음으로 함께 온 아들 딸을 이윽히 바라보며 '얘들아, 이 책으로 열심히 공부하여 너희는 애비보다 더 나은 세상에서 잘 살아야 한다 아, 이 농촌에서 공부 잘하는 것 말고 믿을 게 뭐가 더 있겠느냐, 알지 내 말?' 하는 절절한 당부를 눈빛으로 건네주며 책값을 치르는 모습이 내 눈에는 헌헌장부의 당당함 바로 그것이었어 한편 생각해 보면 그때 우리가 만든 그 참고서, 문제집으로 공부한 그날의 아이들이 성년이 되어 오늘만큼 튼실한 나라를 만들었으니 자부심을 가질 만도 하지 않겠나 그래서 회사 내 방에는 일찍이 '出版報國'이란 액자를 걸어 두었지 스무 살 남짓 젊은 나이에 출판에 뜻 세우고 나름 학생들에게 꼭 필요한 책만 만들기에 공력功力을 다했으니 출판 보국을 기리는 내 마음 평생을 지고 갈 운명인지도 몰라…"

  어쩌죠,
  눈에 인색한 겨울이
  입춘을 지나가니

달팽이 생각*
— 김원각 사형詞兄 7주기를 기리며

읽을수록 느꺼운 생각이 깊은 시심詩心
물길 내어 흐르고 휘돌며 가슴 치네
내 언제 그런 시구에 붓대를 세워 보나

눈길이 그윽하면 닮을 날도 있으려나
골똘히 마음 다하면 턱밑에 차오를까
곱새겨 일곱 해를 봐도 홀로 가는 '달팽이 생각'

* 김원각(1941-2016) 시인의 시조집 표제가 된 작품명.

3부

마스크 세월을 건너며

코로나 2제二題

소중한 시간
일없이 그냥 만나 밥 먹고 차 마시고
너와 나 입 맞추어 그렇게 품어 온 날이
더없이 소중했어라 코로나에 갇힌 오늘

푸른 하늘
모처럼 하늘이 파란 얼굴을 드러냈습니다
드물게 보는 우리 자랑 본디의 모습이군요
뭔 소리! K진단검사 천막 하늘을 가렸는데

절체절명, 속도 조절
― 초기, 코로나19 환자를 위한 변명&

위험을 알았으면 거기 저기 갔을까요
호환虎患이 무서운데 누가 산에 오릅니까
파장이 구만리인들 간 사실만 탓하랴

이렇게 고얀 병에 비방 가진 의술 없고
살붙이를 만나지만 눈짓 손짓, 거기까지
묻혀 온 불씨를 지고 속울음만 토한다

듣보지 못한 역병 봄바람이 화약이다
어딘들 누구인들 가릴까보냐 저 악귀
모두들 믿는 서양도 천방지방 뺑 축구

밝으나 밝은 세상 그 밝음이 화근이다
치달은 문명 응보 돌아보게 한다지만
아득히 나아갔구나 절체절명 속도 조절

재난지원금

오늘도 그 시간에 그 뉴스 보기 힘겹다
역병으로 허물어진 일상을 다독일 때
황급히 나랏돈 나와 마른 입술 축였다

안경 하나 바꿨지, 세상 더 잘 보려고
거저 산 것이기에 달뜰 만도 하였지만
둘이면 모를 명줄에 코로나 앞에서랴!

닁큼 받아쓰지만 개평 뜯어 쓴 그 기분
곰팔수록 깊어지는 강 상앗대를 잡지만
뒷감당 발길이 닿자 정신 줄 곤두선다

지구 시간*을 보며

우리가 멈춰 선 시간, 지구 시간 되었다

 지구가 오랜만에 기지개 켜고 있다 공장이 문을 닫자 연기가 사라지고 미세먼지가 달아났다 너나없이 발길을 멈추자 전쟁과 지역분쟁지에서는 화염이 걷히고 세계 수수만의 병사가 특별휴가를 즐기고 그 많은 병기는 일 없는 듯 깊은 잠을 자는 동안 지구촌 그 어디에서는 사람의 길로 느닷없이 야생동물들이 쏟아져 나와 본능의 몸짓으로 땟거리를 찾아 어슬렁거리며 '야, 같이 살자!'는 강한 항의로 다가오지만, 모처럼 전쟁을 떠올리지 않아도 좋은 시간, 아침 공기는 더없이 싱그럽고 새들의 카랑한 목소리는 방금 도착한 전령의 행랑 속 서찰 내용이 누구도 경험하지 못한 세상이 다가오고 있음을 전해 주는 듯 야단스럽다 아, 코로나가 끝나고 우리가 생기를 되찾는다 해도, 아니 역병 사슬

에서 풀려나 전혀 새로운 광복을 맞는다 해도 예전과 썩 다른 삶일 거라는 우울한 예측들이고 보면,

  문명아,
  싸목싸목 가자꾸나
  오늘 간 만큼만 겪고 싶다

* 송호근 칼럼(2020.05.11.「중앙일보」)을 패러디하다.

지독한 발전, 그 뒤

큰 빌딩 들어서면 항간에 떠다니는 말
참 높구나! 31빌딩 63빌딩 72층 파크원*
재화로 빚은 마천루 123층 롯데월드타워

세상만사 기록 다툼 미처 적지 못한 채
붙박이 생각 좇다간 영락없는 당달봉사
멀뚱히 변화 앞에서 인공지능 회오리바람

눈뜨면 달라진 일상 어질증을 몰고 온다
뛰어도 못 미친다며 생사 걸고 내다르지만
극지極地는 얼음장 깨고 새 역병을 틔운다니

---

* 31빌딩은 종로구 청계천변에, 63빌딩은 여의도 한강변에, 72층의 파크원은 여의대로에 최근에 지어졌는데, 한 시대를 대표하는 건물들이다. 파크원보다 앞서 들어선 잠실롯데월드의 123층은 자본의 위력을 여실히 보여 준 마천루를 방불케 한다. 우리네가 지은 최고의 건물이다.

종로로 이발 간다

낯익은 동네 길에 이발관이 사라졌다
요즘은 남자 이발도 미장원에서 하지만
흔연히 들어서기가 왠지 좀 어색하여

종로3가역 주변에는 이발관이 지천이라
지공*으로 가면서도 타박타박 걷는 기분
내노라 장안 솜씨들 그 경륜도 희끗희끗

몇 푼 아낌만 아니고 옛날이 그리운 게지
재깍재깍 가위질 소리 세월 깎는 그 소리
다시 더 얼마나 깎일지 잎 지는 저 가을 산

* '공짜로 타고 가는 지하철'이라는 뜻의 속어.

노점상

시간을 낚는다
쓴맛 우려 단물나게

고갯방아 연신 찧다
해질녘 되어서야

귀한 손
말길이 닿자
환히 켜진 백열등

할머니 만두*

할머니 만두는
참 예쁘고 가지런해요

삐뚤빼뚤 내 만두는
꼭 모과 같아요

아니지,
우리 강아지 만두는
복주머니 닮은 걸

* 동아일보(21.02.10) 「고양이의 눈」 기사를 패러디함.

어떤 행군

거품처럼 이는 갈구 바람받이 언덕에서
신열 끓는 가슴에 푸른 깃대 눌러 꽂고
천리 밖 어둠 저편을 가는 대로 가보자

얼룩진 상흔마저 추억인 양 매만지며
길벗도 없는 노정 외로움을 이고 지고
혼자서 헐떡이며 간다 마음 다져 걷는다

차마 무슨 말을 더, 침묵을 다스리며
평범을 포박한 채 신발 끈 질끈 죄자
뿌듯이 치솟는 믿음 그를 섬겨 가노라

가까운 타인

낯설어도 익숙하다, 안산시 다문화거리
다른 듯 다르지 않는 겨레붙이 다복솔밭
더불어 살고 있음이 짠물 켠 가슴이다

먼 이웃 가까이 보니 한 가닥 뿌리라서
저마다 천 길 사연 무슨 자尺로 재보나
왔거니, 들메끈 죄고 육해공로 가렸것나

삭풍만 매서울까 서해 바람 칼날인 걸
하루를 저당한 손 돌려받고 가는 길은
따뜻한 저녁거리가 노동으로 두툼하다

우리 안의 타인이라고 문서에 씌었지만
떠나온 그곳, 거기 우리 고토故土 아니던가
중원中原과 한판 겨루던 그 함성이 그립다

당연한 걸, 뭘 그래

조선의 큰 부자 박흥식 화신백화점 터
스러질 걸 염려하여 돌을 품고 외치나
바르게 살자, 표지가 유효기간 묻는다

그 뜻을 표상한 듯 둘레에 메타세쿼이아
샷되게 기웃대면 단호히 내칠 성정으로
오롯이 하늘만 섬겨 이웃 볼 겨를 없다

새긴 날 더듬으니 팔뚝처럼 굵은 시간
눈길 발길 내다보고 점지한 종로 복판
시한이 따로 있다든, 당연한 걸 뭘 그래

밤송이

천둥번개 세찬 비바람 오래도 참았구나

스스로 가슴 열고 세상과 입맞출 때까지

앙다문 가슴 연 적 없어라 철옹성 모성이여

해거름의 찬바람

꿈꾸지 않은 삶
끝자락이 매서워라

저저이 캐묻는다
예까지 온 발자취

온몸을
헤집고 가네
해거름의 찬바람

가을, 기막힌 날씨

가을을 마시고 싶다, 숨이 턱턱 차오르도록

파란 하늘에서 금싸라기 햇살이 쏟아져 내린다 생각하면 이 얼마나 고마운 햇볕이며 푸름인가! 지난 여름 세상 막보기 하듯, 하늘은 막무가내 제 마음 내키는 대로 비를 쏟아부어 천지분간 못하게 물바다를 만들고, 또 태풍을 불러내 우리네 성취와 그 주변을 닥치는 대로 때리고 부수고 내동댕이치고 흔적마저 지우던, 그 가혹한 시련을 새록새록 기억하는 터라 이 가을의 저 변신 — 눈부신 햇살과 티 없이 맑고 고운 공간이 빚어내는 상큼한 내음 — 을 맛보는 것만으로는 성에 안 차 숫제 들이마시고 싶은 거다

벼 이삭 허리 굽힌 뜻, 하늘이 감사해서

금 나와라 뚝딱

휴대전화가 말을 거네,
심심하시죠 저랑 놀아요

게으른 그 손 인내 주세요 제 몸 꼭 붙들고 마음껏 만져 보세요 사람들은 만지면 때 탄다 닳는다 불쾌하다 추행이다 어쩌고저쩌고 온갖 요상한 말을 해대지만 저는 안 그래요 저와 친해져도 오해받을 일 전혀 없어요 저를 잘만 만지면 엄청나게 이로운 것들이 감당못하게 쏟아져 나올 거예요 흔히 쓰는 전화 전송 카카오톡 그런 것 말고도 제 얼굴에 가지런히 울긋불긋 단장해 놓은 앱에도 노크 없이 들어가 맘 내키는 대로 흠집 내기라도 하듯 꾹꾹 눌러 보세요

세상사 오만 가지가
금 나와라 뚝딱! 할 거에요

심봤다! 듣고 싶다
― 2022년 대선 벽보 앞에서

골목마다 더운 기운 봄이 정녕 왔나보다
참새 떼 햇살 쓰고 거슴츠레 조는 때에
우지끈 담 무너질라, 별별 사람 다 서 있네

말 많은 스펙 쌓기 연습생도 섰을 게고
아득히 높고 먼 길 중도하차 나올 테고
어쩌랴! 멀쩡한 이름 생채기를 짐짓 보는,

웃자라듯 훌쩍 커버린 민주 대한 큰 선거
난세에 영웅 난다는 그 옛말을 떠올리며
난전亂塵에 명품 묻힐라, 심봤다! 듣고 싶다

목포 기행

해상 케이불카
입소문에 몰려나온 동네 사람 팔도 사람
유달산 이마께를 스쳐 가는 케이블카 속
시상에 이런 풍경은 난생처음 본갑소

지붕 없는 박물관
한눈팔지 않는다면 한 발 건너 역사 유물
지붕 없는 박물관에서 오롯이 만났을 것
근대사 현장 학습은 목포에서 하고 말리

오미*
슬픔을 덧게비치는 난영 노래** 숙어지고
맛깔스런 오미를 순배 따라 먹는 호사
갓바위 물 위에 비친 내 얼굴은 노을빛

낙후 도시
천리 밖 먹잇감도 짚어내는 독수리 눈

투기꾼 춤사위에 눈 홀리던 그 한때여
도시는 홀로 여읜 채 젊음을 깨우더라

* 五味(목포의 다섯 가지 맛) : 홍어삼합, 민어회, 갈치찜, 세발낙지, 꽃게무침.
** 이난영이 부른 「목포의 눈물」.

단방약

 화초도 끼니 있는 걸 뒤늦게 알아채고

 예전 농촌에서, 모내기철에 지친 소가 쓰러지면서 아이고 나 죽어! 하면서 게거품을 내뿜으며 까만 눈만 껌벅껌벅할 때 농부는 안절부절 발 동동 구르다 옳거니, 낙지 생각이 번개처럼 스치자 소 입을 떡 벌리고 산 낙지를 한입 가득 밀어 넣자 소가 언제 누웠느냐는 듯 벌떡 일어나더라는 전설 같은 이야기를 기억하는 터, 시들시들한 몸을 배배 꼬며 목마름에 기어들 듯 잦아지는 화초의 속울음을 아스라이 듣고, 아차 내 정신 좀 봐, 잽싸게 물바가지를 들고 허둥댄다

 이것이 단방약이지, 푸른 몸짓 생기어

4부

가는 길 목목이

고슬고슬 백 세

때 없이
들려오네
은밀한 몸속 발신음

다양한
음색으로
이즈음 더욱 또렷이

귀 쫑긋
새겨듣는다
고슬고슬 사는 백 세

남도 탐할 시 한 채

널브러진 약봉지가
잎이 진 뜨락이다

또래들 너나없이
입장단 호응인 걸

서둘러
짓고 고칠 일
남도 탐할 시 한 채

믿음만 감발하니

　눈을 질끈 감는다
　가정을 생각지 않기로

　생각해 보면 이 절벽을 움켜쥔 저 오금 저린 잔도棧道를 못 믿는다면, 아 거기에 안전이라는 심지에 불꽃이 타오르지 않는다면,

　오롯이 믿음만 감발하고 서니
　공중부양 내 발길

노을에 서다

때 없이 자다 말다
눈 뜨면 읽다 쓰다

여윈 손 허기마저
다독이지 못한 채

가을 잎
지는 뜨락에
노을빛이 홍건하다

개명

성내역 어느 참에 잠실나루역이 되었네
옛적 송파나루 너머 뽕밭 천지 누에마을
연원을 찾아 적으니 옛 정취 묻어난다

예전 서울 봉천동 본동 +1~12 동 대가족
한 시절 편리와 속도 군사문화 뒤태이지
숫자와 연 끊은 동명들 개성이 춤을 춘다

헌 집을 새집으로 리모델링 떠올렸다
쓰던 이름 당장에 필명 뒤에 세워놓고
내달은 그날 이후로 이름값은 했나 몰라

해 있을 때

간간이 된바람이
마른 가슴 훑고 가네

움찔움찔 놀라면서
손 놓고 있을 건가

그러게
길 뜰 채비야!
해 있을 때 해야지

무위無爲의 날

주머니 속 전화는
오늘도 적막강산

거실의 벨 소리만
기진기진 울더니만

마을간
아내 자리로
또르르 적막 한 점

저들이 궁금하여

이끌리는 관심에 발길 잠시 내려놓고
바라보는 저들이 누구인지 궁금하다
두 사람 한 몸 동아리 세상을 지켜보네

오죽하면 저럴까 싶은 탁류 세태라서
이내 마음 가 닿지만 그래도 남는 의문
댁들은 알고 있나요, 이 혼탁 밑둥치를

난전의 운영이다, 조촐히 벌인 상품들
그 중심 파수대*가 덩그러니 놓였지만
손 없는 하루 나기가 얼마나 길고 멀까

포신砲身도 녹일 더위 바람 한 점 인색하다
늘어진 엿가락처럼 포도鋪道는 부글부글
병정의 지킴 같구나 빙의憑依를 두름인가

* 把守臺 : 기독교의 한 파인 '여호와의 증인'에서 발행하는 잡지의 이름.

항간의 말 귀담아듣고

산행이 좋다 하고
걷기가 대세란다

긴히 일러 주는 말
감발하고 나서면

한 움큼
움켜쥔 여일餘日
구슬 서 말 꿸까나

내부 수리 중

늘 가는 사우나 문이 사슬에 묶여 있네

누구든 출입 불가! 실천 의지 웅변이다

아무나 들던 문지방 길게 누운 불황 그늘

내부 수리 중, **힘찬** 글자를 본 지 몇 달째

수북이 쌓인 먼지 발길 뚝 끊긴 자리에서

목마른 나무의 울음 창문 안 분盆에서 듣네

여름휴가

갈 사람은 다 갔나 보다 텅 빈 도심거리

휴가란 수고를 내주고도 풋풋해지는 역설

떠나라 채움을 찾아, 치유로 오는 보람

불면不眠

무리하게
세상 문을
닫으려고 했을까

이울지
않는 꽃처럼
말똥말똥 뜬눈이면

돌아본
아침 거울 속
먹은 마음 썩 덜어라

운전, 나이 제한 딸막이는데

두 차례나 접촉사고를 낸 게 사달이다
보험료가 득달같이 오른 것을 곱씹을 때
아이들 어른 다 된 듯 운전하지 마세요!

윤이 나 더 좋은 것도 버리지는 세태라서
아직이야! 소리지른들 누가 귀를 연다고
공론公論에 마중물 부은 내 실수가 아프다

나이를 귀띔하면 손사래가 따라온다
정신 차려, 이 사람아! 땅 좁고 사람 많고
그래도 편리를 좇아 갱신 면허 재취득!

가는 길 목목이

세월도 깊어지면 멍할 때가 있다더니
엊그제 우리 누님 그 병 깊어 가실 때
한없는 허망 속에서 내게 띄운 경계령

저마다 비방 있네, 눈여기고 요량하자
눈치 빠른 사람은 약봉지로 선제先制하고, 꼼꼼한 사람은 뭐든 외는 것으로 총聰 지키고, 강단 있는 사람은 문제는 건강이야! 그런 허망 싹틀 여지를 애시당초 없애려고 운동을 일삼는다니,
목목이 그런 지혜를 가는 길에 깔아두면…

뉘시더라

선후배 동문들이 함께한 자리였다
뉘시더라?
두 살 밑 동기가 말을 건다
옆자리 후배가 화들짝, 김 선배님도 참…

예스런 화법인데 왜 이리 불편하지
멀뚱히 쳐다보는 눈 '생판 모른 놈이네!'
이 사람, 나 모르겠어? 같이 공부한 허무웅!

우두커니 혼자서 지내는 게 안쓰러워
염려를 짐짓 알고도 동행을 우겼어요
따뜻한 후배 등 뒤로 허망이 밀려왔다

종각역 鐘閣驛

깜박 졸음 속으로—
다음은 종착역입니다

후회될 일 더 없게
꼼꼼히 챙겨 가세요

내 인생
종점인 줄로,
가슴 철렁 종각역

읽고 쓰기로 종 치자

한 시절 잘 나가던 돈깨나 있는 친구가

이런저런 일로 호시절을 다 까먹은 뒤, 이즈음 모임에서든 단 둘이 만나서든 말끝마다 예전 성공담을 풀어놓는데 온통 돈 번 이야기인지라 또 그 소리인가, 하다가도 어느새 돈을 벌어본 사람은 뭐가 달라도 다르다는 생각이 내 가슴 가득 차올라 오늘도 귀 쫑긋 홀린 듯 듣고 있지 않은가! 그 친구 잃어버린 부를 되찾는 것도 시간문제이겠는 걸… 이참에 나도 한번 따라나서 봐,

네 진정 그침을 알렸다! 읽고 쓰기로 종 치자

투표&
— 고 최연근 시인을 기리며

누군가의 가슴 벅찬 감동을 기리기에

단심의 붉은 볼펜 소우주를 그렸더니

한가득

동그라미를 안은

노老 시인의 화한 얼굴

5부

열린 세상을 탐하다

/군말/

세사불문世事不聞 하라던 걸

가까운 시우詩友가 이런* 작품 쓰지 말라던데

어느 날 서예 하는 친구가 편액 한 점을 주었다. 내용인즉, 세사불문世事不聞 지산와송芝山臥松 풍시소창래風時小窓來**가 아닌가! 우연의 일치일까, 아니면 앞서 친구의 말을 엿듣기라도 하고 보낸 것 같아 깜짝 놀라며 이 꼭지 작품을 버릴까 하고 여러 번 망설이다 말고 기어이 싣는다. 기왕 많은 시간을 들여 쓴 것이고, 또 그 한때를 살면서 맺힌 것들을 기어이 풀어버리고도 싶고, 하지만 더 절실한 것은 이것들을 싹둑 빼 버리면 비루먹은 말처럼 작품집이 너무 허할 것 같아 '부득불'이라고 변명하면서,

벗님들 귀한 조언이 새 작품집을 재촉하네

* 제5부에 실린 일련의 사회의식을 표출한.
** 세상일에 귀 닫고 지산의 소나무 아래 누우니 바람이 때때로 작은 창으로 불어오네. '지산'은 필자의 아호임.

아주 개인적으로
— 2016.11.02. 아침 뉴스

올가을 가장 추운 날씨란다, 마포대로
밤새 토해낸 뉴스가 낙엽으로 수북하다
힘차게 내지른 발끝에 슬픈 초상 댕강였다

찬 하늘을 쳐다보다 또 땅을 내려다본다
오롯이 오늘 일만 요량하면 되는 내게로
어렴풋 저 멀리에서 다가오는 행복 하나

착시일 거야, 시침을 뚝 떼듯 사라진 둘레
팍팍한 일상 앞으로 봉긋 솟는 부끄러움
혼군昏君을 다시 또 보랴 떠나고픈 먼 타향

열린 세상을 탐하다
― 푸른 기와집 여 쥔장께

시대를 금 긋는 말 예비처럼 있기 마련
막힌 걸 뚫으라 하고 맺힌 걸 풀라 하는
지엄한 분부 받자와 소통이라 적는다

수수만의 나팔 소리 한입으로 뜨겁다
부딪쳐 깨진 둘레 금빛 타는 원성 속에
돌부처 묵언의 정치 어림없는 선무당

예전 그 대찬 선비 일갈이 목마르다
무릎 아래 입이라도 세상 눈빛 거두어
엎드려 비옵나이다, 충정마저 없으니

지쳐 누운 풀잎이 바람 먼저 일어서면
광장은 회오리바람 불기둥이 솟구칠 것
수족들 하나 둘 길 뜨면 천길 벼랑 어쩌나

똥고집

주장이
논리 떠나면
고집으로 추락한다

그 신념
외골수면
똥고집이라 깔보느니

세상을
경작한다죠,
소통이 금비*입니다

---

* 金肥 : 화학비료. 예전 농촌에서 농사를 지을 때에 인분이나 퇴비(堆肥)만을 쓰다가 화학비료가 나오면서 아주 효과가 좋은 거름을 사용할 수 있었는데, 귀한 돈을 주고 사서 쓴다고 하여 '금비'라 했음.

국정화國定化*

뜰 한가득 한 가지
꽃씨만 심으란다

봄 되면 순백의 꽃
국정화가 예쁘다며

들녘엔 우리 꽃들이
형형색색 아름다운데

---

* 국정화(國定化)의 '화(化)'를 '꽃[花]'으로 활유(活喩)한 표현인데, '국정화'는 정부에서 만든 단일한 교과서를 가리킴. 또는 그렇게 하려고 함. 기존에 검인정(檢認定)으로 발행하던 교과서를 국정 교과서로 변경한다는 말의 준말이기도 함.

누군들 태극기 앞에

광장의 어버이가 차라리 안쓰럽다
희한한 짬짜미로 나라 기둥 휘청일 때
경칠 일 형틀 찾는 데 물색없이 용쓰니

급제동 신호음 물고 태극기를 흔들면
그것이 애국이라는 혼 없는 몸짓이여
술래는 짐짓 들키면 웃음보나 터지지만

괴춤에 숨긴 체면 염치마저 마을가고
애면글면 보챈들 남우세만 깊어질 것
큰 물살 술기 붙들고 한 땀 시침 더불면

누군들 태극기 앞에 삿된 마음 가질쏘냐
건곤감리乾坤坎離 태극 뜻 그 속을 풀어 보면
하늘 땅 어깨를 겯고 물불이 교차한다니

탄歎, 불가역不可逆

물신物神의 꾐에 빠져 마음이 혹했을까
행여 그런 생각을, 문득 스친 조선의 궁핍
불가역, 숨이 막히네 10억 엔의 외교문서

돌아드는 액수가 100억 원이 웃돈다니
뜬금없이 매끼돈이라 두 손을 벌릴까나
애개개 짜잔한 거래 줏대를 팔았대도

몇 바람쯤 남았을까, 할머니들 저 한살이
꽉 막힌 해원解冤에도 분기憤氣를 추스르며
"받은 것 되돌려주고 사죄는 꼭 받아라"*

양심의 목소리는 제집에서도 나오더라
그건 우리 잘못이라는 착한 입술 보지만
곱새겨 되작여 봐도 치욕으로 오는 이웃

* 이옥선 위안부 할머니가 TV 방송에 출연해서 직접 한 말.

함께 노래를
― 2019년 어느 봄날에

오늘도 미세먼지로 몸살을 앓습니다
광장은 그날의 함성 아스라이 사라지고
생각 차 둑에 갇힌 채 비늘 산만 쌓습니다

등나무는 오른쪽으로 온몸 굽어 오르고
칡덩굴은 왼쪽으로 배배 꼬며 휘감으니
그 어간 뒤틀린 삭신 쑤시고 아픕니다

부르쥔 목소리는 골골이 넘쳐나고
어둠은 불꽃을 물고 연기만 토해낸다
불러요 함께 노래를, 너나의 허물 장막을 걷고

어떤 두 처지의 직격直擊 비교

1
기라성 곁에 두고 아녀자에 혹했으니
형틀 짓기 그 전전 장대비를 맞았으면
역사는 가정의 화법 거들떠나 볼까만

2
그때는 개벽이었어, 팡파르가 봄 깨우고
부르는 게 값일 만큼 솟구치던 그 눈금
풍선이 툭 터진 둘레, 신기루 허상이었나

1, 2*
철부지 지은 죄업 독방 살이 몇 날인고,
촛불, 그 곁불 쬐고 한달음에 오른 고지
사는 일 서툰 요량에 구설수는 아직도…

* 숫자는 두 처지를 각각 나타냄.

낮달

세상 좁은 줄을
번연히 알면서도

고삐 풀린 식탐에
고무풍선 배라니

굶주린
이웃을 보네
북녘 하늘 저 낮달

토론을 보며

풀숲을
헤쳐 가는
꽃뱀들의 몸짓이다

그 고운
몸뚱이 속에
꼭꼭 숨긴 뭐 있나

세 치 혀
격투기를 보네
맷집 좋은 저 배포

초록동색
― 정쟁政爭 통박을 보며

그놈이 그놈이다, 초록동색 싸잡는다
발맞춤도 많은데 어찌 그리 야박한지
그런지 그러하여라 긴가민가 닮았다

너는 그리로 가라, 나는 이리로 간다
단호히 가는 양이 여지없는 걸음새다
여유는 치열한 예술 여백미를 치는데

잘 좀 하지 그래, 너도 그렇고 또한 뉘도
허구한 날 날선 얼굴 세 치 혀로 감당할까
팬데믹 너머 세상이 낯설어서 더 그렇다

시장의 죽음

전시戰時가 아닌데도 병장기를 딸막였나
탁류가 질펀하기로 묻혀 갈 줄 알았을까
행실이 반듯하단들 잘못한 게 사람이다

폭행, 그 말에 얹힌 과한 인심 없는 건지
속보일까 저어하며 기어이 꺼내본들
시속時俗이 지엄하거늘 뭇매 어찌 피할꼬

한 자리 오래 지킴도 그것으로 자랑이던
소명으로 눈여긴 일 바람받이 이슬방울
한살이 툭 던진 언어 모든 용서 담았것다

오바마의 뒷모습

  귀하가 미합중국의 대통령이 되었을 때
와아 저럴 수가! 나는 혁명으로 읽었거니
질곡의 그 살색 시비도 마침표를 찍겠고

  딛고 선 땅 넓기에 환난 그리 많은 건지
날렵한 몸을 부려 방책을 강구할 때에
글쎄요, 우리 나랏님은 치장하기 바빴다죠

  어느 날 한 장면은 감동의 영화 한 컷
  퇴근 시간 다 되어 추적추적 비 내리자, '어쩌지 우산이 없는데…' '걱정 말아요, 내가 바래다 줄게' '각하가요?' '그럼!' 딸처럼 연인처럼 어깨 걷고 우산을 받쳐주는 오바마의 뒷모습
  날짐승 날개 쫙 펴고 감싸안은 내 새끼!

산불 조심

트럼프의 화법은 윤사월 산불이다
타닥타닥 타는데도 봄기운에 묻힌 불꽃
탄 자리 끌탕 셈법이 축구장 면적 몇 배!

트럼프의 몸짓은 톡톡 튀는 불꽃이다
천방지방 건너뛰는 종잡지 못할 행보
진화의 목을 짚어라, 잔불마저 경계할 일!

트럼프의 현기증

내 일은 아니지만 남 일만도 아니기에
귀 쫑긋 실눈 뜨고 바라보는 트럼프 씨
욱하고 내지르는 말 어지럼증 몰고 온다

안에서 새는 바가지 밖에서도 샌다 했다
한솥밥 식솔들이 귀엣말을 퍼 날랐으니
공포*로 구겨진 에헴, 쑤군쑤군 온 세상

때 없이 팔뚝 걷는 힘 자랑도 불편하다
광대의 몸짓 같은 그 웃음은 무엇일까
정글의 법칙을 보네, 자중하시죠 미스터 트럼프!

*『恐怖』: 미국의 밥우드워드가 쓴 책 『FEAR』. 저자는 닉슨 대통령의 워터게이트 사건을 폭로하여 닉슨 대통령을 권좌에서 내려오게 한 미국의 원로 기자다.

■해설

서정과 어우러진 빛나는 경륜의 미학

정용국

시인

1. 잔을 고르다

차를 마시는 일은 그저 일상에서 만나게 되는 소소한 일이지만 격식을 갖추자면 또 지나치게 복잡할 수도 있어서 필자는 평소에 좋아하는 작가들의 다관과 숙우와 잔을 대추나무 차탁에 늘어놓고 오래도록 쓰는 편이다. 그러나 계절이 바뀌거나 지루해지면 차의 종류에 따라 다관이나 잔을 별도로 골라 짝을 맞춰 변화를 주곤 한다. 특히 말차抹茶를 마시려고 찻사발을 고를 때만은 여러 생각들이 오간다. 사발을 만든 작가의 인품과 그것을 추천해 준 분과의 인연도 생각나고 물건을 고르며 나누었던 대화와 나름대로 멋을 부린 전시장과 가마의 정경이 떠오르기 때문이다. 이렇게 잔을 고르고 차를 우려내고 타는 사이에 마음은 설레고 고즈넉해진다. 그래서 차를 마시는 것은 일상이 아니라 오래된 인연과 정을 나누는 품격을 갖추게 되는 것이다.

오영빈 시인의 시집 원고를 받아든 날은 마치 오래 두었던 찻잔을 모처럼 꺼내 펼쳐놓은 듯한 남다른 감회가 찾아왔다. 명장의 손길로 날렵하고 숨차게 마무리된 세련된 잔의 모습이라기보다는 무안 월선리에서 붉은 황토를 투박하게 마감한 김문호의 작품과 유사한 감이 다가왔던 것은 오 시인의 글에 깊은 생각들이 곳곳에 점철되어 있었기 때문일 것이다. 차를 오롯하게 마시기도 전에 찾아온 소회로 보아 이번에는 묵직한 승광요의 복숭아 다관을 택해야 할 것 같다.

오영빈 시인은 1967년 대한불교신문 입선과 1971년 ≪시조문학≫ 추천, 그리고 1973년 동아일보 당선이라는 긴 등단의 시간을 거쳐 시인이 되었지만 전문 출판인으로서 직무를 수행하느라 창작에 열의를 다하지 못했다. 이후 등단 40여 년이 지난 2012년에 『광화문 산보』가 출간되었으니 억눌렸던 창작열의 분출이었다. 첫 시집에는 사봉 장순하 선생의 서문이 책의 무게를 더하였고 박시교 시인은 "한결같은 생각으로 그린 아름다운 시혼의 불꽃"이라는 해설을 붙였다. 연이어 2016년에 출간된 시집 『동행』에서는 이경철 평론가도

"생활 속에서 우러나는 공감의 시학"이라는 해설로 응원하였다. 이제 오영빈 시인은 2023년을 맞아 상당한 연치가 되었다. 전진을 하기 위한 시인의 행보는 늘 시집 발간으로 그간의 작품을 정리해야 하기 때문에 서둘러 원고를 모아 제3 시조집 『뒤돌아보기』를 내기에 이르렀다. 아마도 선생의 창작 열기는 새 시집 발간 이후에 가 있을지도 모른다. 필자가 맞이한 팔순 연치의 원고는 상당히 조심스럽고 부담이 가중되는 무게를 담고 있다고 할 수 있다. 그래서 모두에 선생의 작품을 담아낼 그릇 이야기까지 하게 된 것인지도 모른다. 듬직한 세월의 무게가 담긴 선생의 작품을 두툼한 복숭아 다관에 우려보기로 한다.

2. 차를 고르다

오영빈 시인의 작품을 차에 비하자면 숙차熟茶라고 말할 수 있다. 곡우 전에 따서 덖어 말린 우전차라기보다는 쪄서 숙성시킨 발효차의 종류로 보는 것이 적당하다. 그래서 상큼한 맛은 덜하지만 우련하고 속이 편한 그윽한 맛을 지닌다. 이제 제3시집 발간을 앞두고 있기는 하지만 오 선생의 뇌리에는 발표하지 못한 수많은 감회와 묵혀 둔 소재들이 들끓고 있었을 것이다. 단지 뒤늦게 등단한 신참 시인이 아니라 늘 시를 가슴에 담고 다니면서 애면글면한 파편들이 오랜 시간 동안 농익어 넘치는 묵정밭을 몇백 평쯤 지니고 살아온 시간이 가히 40년이었으니 이제 직장을 떠나 전문 제작자로서의 일을 놓은 손은 얼마나 말쑥하고 단정하겠는가. 전 세대 시인들이 20대에 등단하여 직장과 시업에 전념하다가 겨우 60대에 세상을 떠났다면 이제 백세 인생의 시절에는 물경 30년이 연장된 수명과 SNS의 바다가 활짝 열린 정보의 세상에서 경륜과 서정이 어우러진 농익은 시를 쓰게 된 것은 새 시대를 사는 감은이라고 해도 좋을 것이다.

오영빈 시인은 두 권의 시집을 이순이 지난 연치에 발간하였다. 등단했던 1970년대 한국 사회 정치는 독재체제가 강화되었고 경제성장은 본격 궤도에 올라갈 무렵이었다. 그러한 영향으로 두 시집에 담긴 작품들의 폭은 긴 시간의 여정들이 담겨있다. 일상의 섬세한 서정과 소회를 담담하게 그리다가도 정치나 사회에 대한 자신의 의지와 결기를 과감하게 드러낸 작품도 적지 않다. 또한 사물과 지식에 대한 호기심이 유난히 깊은 탓에 다양하고 넓은 사유와 소견을 중량감 있게 작품에 투사하고 있음을 발견할 수 있다. 선생이 시조에 입문한 1967년을 기점으로 현재까지 56년이라는 긴 세월이 흘러갔다. 더구나 한국이 경제개발을 주도하며 세계 최하위 빈국에서 세계 10대 강국에 이르기까지의 시간이 바로 이 시기와 일치한다. 그러한 연유로 한국 사회에서의 56년이라는 시간은 세계 어느 나라도 이루어내지 못한 고성장과 사회적 부침이 소용돌이쳤던 시기였다. 이러한 급변은 국민 전체가 노력하여 이루어낸 수많은 성공과 이에 따른 부작용이 함께 뒤엉킨 질곡의 세월이었다. 이 시기에 전문 편집인으로 오로지 책을 만드는 일에 전념했던 노정도 엄청난 발전과 실패가 공존했을 것으로 짐작된다. 그 소중하고 격정에 휩싸인 청춘의 시간들을 지켜낸 시집이니 두 권이라고 해서 미진했다고 볼 수 없는 일이다.

> 숫제 해코지다, 해종일 진눈깨비
> 입춘방立春榜 구겨진 체면 안쓰레 바라보며
> 스미는
> 한기寒氣 보듬고
> 아랫목을 찾았더니
>
> 기어이 오는 것을, 어련히 와 있을까!
> 복수초 꽁무니 쫓아 꽃 소식 전국 배달
> 한복판
> 봄 길에 서서
> 꽃길 찾는 경망아
> ─「꽃샘추위」 전문

시집의 첫 장에 놓인 작품이다. 누구나 시집을 출간

하면서 가장 먼저 배치할 작품을 두고 고민하지 않을 수 없는 것은 당연한 일이다. 그러한 의미에서 첫 작품은 새 시집을 대표할 수 있는 작품이거나 시집의 향방을 가늠하거나 주요 지표가 될 수 있는 작품이라고 보면 될 것이다. 시제로 쓰인 "꽃샘추위"는 상당히 깊은 생각을 품고 있는 상징성이 큰 시어이다. 흔히 입춘을 전후로 춘래불사춘春來不似春이라는 말이 오간다. 입춘이 지나 봄이 왔다고는 하지만 수시로 영하의 기온으로 곤두박질치기가 일쑤인 시절이니 혹한과 폭설을 견디고 간절하게 봄을 기다리는 사람들에게는 더 안타깝고 참기 어려운 시간이 되는 것이리라. 그러니 꽃이 피는 것을 시샘하는 추위라는 "꽃샘추위"는 사람의 심사를 가득 담고 있는 매력적인 단어라 하겠다. "숫제 해코지다"라며 치고 들어간 초장의 위세가 대단하다. 연이어 "해종일 진눈깨비"라고 투덜대는 심사는 중장까지 이어진다. 그러나 둘째 수는 애초부터 첫째 수를 무력화시키며 얼굴을 확 바꿔버리며 돌아선다. 언제 봄날씨 투정을 했냐는 듯 "복수초 꽁무니 쫓아 꽃소식 전국 배달"이라고 역공을 펴는 모습이 재미있다. 결국 "경망"을 탓하는 뭇사람들의 심사를 에둘러 질책하고 있는 것이다. "어련히 와 있을까!"에는 인내심이 부족한 사회 전반의 세태를 은근히 반박하며 매사에 인내심과 아량을 가지고 세사에 임할 것을 타이르고 있다.

참을 인忍 자가 생의 중요한 가치가 되었던 시절에 비하면 턱없이 부족해져 버린 시대를 톺아보는 배려가 담긴 작품으로 읽혀진다. 선두에 놓인 이 작품은 대체적으로 오영빈 시인의 사유와 시적 감흥의 발화점을 예견할 수 있는 중요한 방향을 제시하는 기준 작품으로 해석된다.

3. 차를 우리다

현대문학사의 선두를 풍미했던 미당이나 목월과 동리 선생 등은 유학이나 학위의 저력이 필요하지 않은 세대였다. 문인의 숫자가 얼마 되지 않았고 요즘처럼 문학이라는 개념이 다양하게 확고한 자리를 잡기도 전이기 때문이었다. 20대 초반에 문단에 나와서 30대에 신문사 부장이나 대학의 교수가 되고 40대에는 문인단체의 수장이 되는 등 화려한 일생을 구축하였다. 박사학위가 넘쳐나고 유학파 실력자들이 보따리 강사를 해야 하는 지금에는 절대 불가능한 일이다. 돌이켜보면 그 시절에는 부지런하게 압축된 삶을 살아야 하는 듯 바빴다. 지금이야 40세가 되어서도 결혼을 하지 않거나 못하는 남녀들이 넘쳐나는 시절이니 20대에 무슨 등단이란 말인가. 최근에는 70대에 등단하는 사례도 있으니 백 세 인생의 위력은 참으로 많은 것들을 바꿔

놓았다. 오영빈 시인도 오래 다니던 직장을 은퇴하고 창작에 전념하고 있는데 외모나 정신력의 수준으로는 60대를 방불케 한다. 의료와 사회 복지제도의 발전이 이룩한 엄청난 변화라고 할 수 있다. 이러한 변화는 문화 방면의 커다란 숙성을 가져오고 있다. 60년 이상을 전문 직종에서 근무하며 취득한 다양한 분야의 뛰어난 경험과 현실을 파악하는 선지식들은 문학을 성취하는 데 아주 유용하고도 튼튼한 저력으로 작용하기 때문이다.

때 없이
들려오네
은밀한 몸속 발신음

다양한
음색으로
이즈음 더욱 또렷이

귀 쫑긋
새겨듣는다
고슬고슬 사는 백 세
—「고슬고슬 백 세」 전문

널브러진 약봉지가
잎이 진 뜨락이다

또래들 너나없이
입장단 호응인 걸

서둘러
짓고 고칠 일
남도 탐할 시 한 채

                  —「남도 탐할 시 한 채」 전문

  백 세 시대를 사는 노인으로서 시조를 쓰는 원로시인의 마음가짐이 짧지만 담백하게 단수에 녹아 있다. 마치 두 작품은 한 편으로 묶어도 될 정도로 다정하고 상통하는 작품이다. "은밀한 몸 속 발신음"은 중의적 의미를 내포하고 있다. 몸에 탈이 나서 보내는 신호일 수도 있지만 깊고 참된 궁구에서 얻은 깨달음일 수도 있다. "다양한/ 음색으로" 들리는 것은 병색인가 화두에 대한 혜안인가 궁금하다. 중요한 것은 "귀 쫑긋/ 새겨듣는다"라는 참 여유롭고 긍정의 마인드가 실린 종장에 주목하게 되어 다행이다. 만약에 나이가 들어 여러 곳에 탈이 나서 견디기 어렵다거나 두뇌가 굳어져 기억력이 흐려졌다는 투로 썼다면 독자로서도 힘든 일일 텐데 과연 "고슬고슬 사는 백 세"가 말 그대로 포근하고 다정하게 다가온다. 두 번째 단수에도 초장의 처진 상황을 여지없이 극복하는 비법이 숨어 있다. 정진규 선생의 말대로 '약을 몇 가마 먹어야 죽는다'라는 표

현처럼 누구나 노쇠하면 벌어지는 일이다. "약봉지"가 낙엽과 비유되고 있지만 "너나없이"와 "호응"이 있어서 슬픔도 반감되듯 안심의 배를 타게 된다. 역시 종장에서의 호미걸이는 작품을 뒤집기로 끝내고 있다. 비록 병마가 찾아오고 약으로 겨우 연명하지만 얼마 남지 않은 시간이 더욱 귀하다는 긍정은 소중하다. 결국은 "서둘러/ 짓고 고칠 일"인데 더구나 "남도 탐할 시 한 채"라고 일갈하니 모두 부러워하지 않을 수 없는 것이다. 두 편의 작품이 비록 노인의 이야기지만 어디에도 어둡고 비관적인 감회를 찾기 어렵다. 모두 초장에 펼친 그늘을 과감하게 종장의 힘으로 반전하면서 환하고 힘찬 저력으로 발산하는 단수의 힘이 남다르다. 이렇게 노회한 힘은 마치 오래 숙성된 차와 같아서 잘 우러나서 깊은 맛을 내는 묘미를 지니고 있는 것이다.

4. 차를 마시다

직장 생활을 한다는 것은 단순히 급여를 받고 노동을 제공하는 행위 같아도 상당히 복잡하고 인간의 역학관계가 존재하는 유기적 구조를 가진다. 신입사원의 경우는 상사의 지시대로 단순한 업무를 진행하지만 직급이 상승하면 책임이 막중한 전문 지식을 다루는 부서를 이끌어 가야 한다. 더구나 대외 영업이나 동종업

체와의 경쟁 등에서 살아남는 것은 그야말로 전쟁판을 방불케 한다. 이렇게 야전 사령관과 같은 직무를 오래 수행하다 보면 다양한 인간 덕목을 골고루 갖추게 될 뿐 아니라 인간과 세상을 파악하고 견인하는데 필요한 지도력과 예지 능력도 갖추게 된다. 이러한 것을 통틀어 경륜이라고 하는데 이는 노력과 더불어 경험이 함께 빚어내는 빛나는 훈장이라 할 수 있다. 이렇게 구축된 힘은 문학의 영역에서도 빛을 발하게 마련이어서 시의 내공과 중량감을 느낄 수 있다. 또한 사회를 광활하게 내다보고 다가올 미래에 대한 변화를 읽어내는 특유의 시각도 찾아볼 수 있다.

구기고 내박친들 괘념치 않습니다
다소곳 열린 가슴 뜻대로 요량하서요
무엇을 낯가림하리 더불어 서민인데

귀한 것 금붙이야 제가 감당 못합니다
정신 깜박, 잃어버려도 재수 탓만 하고 말
일상의 소소한 것은 다 제게 맡기세요

가볍지만 입 싸지 않은 지퍼 올림입니다
긴히 쓰고 눈길 거둔들 내색 어찌합니까
누구도 못 믿을 세상 손닿는 데 놓아두세요

부탁 있어요, 절 아무데나 버리지 마시길

뜻하지 않았어도 바다로 흘러든 내 몸에
휘감긴 물개며 거북이가 죽어가고 있어요
―「비닐봉지의 말」 전문

 환경 생태를 건강하게 유지하기 위하여 우리 사회에서도 비닐봉지의 사용을 규제하고 있지만 서민들의 일상과는 거리가 먼 이야기라고 할 수 있다. 편리와 실용만을 강조하는 상황에서 벌금 몇 푼으로 감당하게 하는 규제는 소용이 없다. 이 작품에서 단순하게 우리 주위에 널리 사용되고 있는 검은 "비닐봉지"를 이야기하고 있지만 시인은 아주 더 멀리 나아가 지구 생태계를 걱정하고 있는 것을 읽을 수 있다. "절 아무데나 버리지 마시길"이라는 마지막 수 초장은 차라리 절규에 가깝게 들린다. "물개며 거북이가 죽어가고 있어요"라는 마무리에 우리는 주목할 필요가 있다. 어디 오염물질이 비닐뿐이랴. 바다에 스며들어 가는 각종 플라스틱 유해물질은 물개나 거북이만 먹는 것이 아니라 미세하게 녹아 물고기들이 먹고 다시 물고기를 먹는 인간의 인체에 돌아오게 된다. "무엇을 낯가림하리 더불어 서민인데"라는 익명성은 누구라도 쉽게 비닐봉지를 쓰고 버리는 것을 염두에 두고 한 사전 장치이다. 또 "일상의 소소한 것은 다 제게 맡기세요" "긴히 쓰고 눈길 거둔들 내색 어찌 합니까"라고 부드럽게 소근거린 것도

다 연유가 있는 것이니 서민의 사정을 속속들이 알고 있음을 역설로 받아낸 것이다. 이렇게 첫수에서 셋째 수까지 은근하고도 다정한 목소리로 비닐봉지를 사용하는 서민들의 실상을 실감나게 대화체로 적어둔 것은 마지막 수에서 결정타를 날리기 위한 작전이었다. 이렇게 유연성을 발휘할 수 있는 것은 경륜의 힘에서 비롯된 것이라고 믿어진다. 성찰과 이해에서 출발하는 배려는 거칠고 직선적으로 몰아붙이지 않아도 오히려 더 강한 결과를 도출하고 유도하는 효과가 있다는 것을 실감하게 된다.

 지구가 오랜만에 기지개 켜고 있다 공장이 문을 닫자 연기가 사라지고 미세먼지가 달아났다 너나없이 발길을 멈추자 전쟁과 지역분쟁지에서는 화염이 걷히고 세계 수수만의 병사가 특별휴가를 즐기고 그 많은 병기는 일 없는 듯 깊은 잠을 자는 동안 지구촌 그 어디에서는 사람의 길로 느닷없이 야생동물들이 쏟아져 나와 본능의 몸짓으로 땟거리를 찾아 어슬렁거리며 '야, 같이 살자!'는 강한 항의로 다가오지만, 모처럼 전쟁을 떠올리지 않아도 좋은 시간, 아침 공기는 더없이 싱그럽고 새들의 카랑한 목소리는 방금 도착한 전령의 행랑 속 서찰 내용이 누구도 경험하지 못한 세상이 다가오고 있음을 전해 주는 듯 야단스럽다 아, 코로나가 끝나고 우리가 생기를 되찾는다 해도, 아니 역병 사슬에서 풀려나 전혀 새로운 광복을 맞는다 해도 예전과 썩 다른 삶일 거라는 우울한 예측들이고

보면,
―「지구 시간을 보며」 중장 부분

  코로나가 유행한 시기에 벌어진 역설적인 지구 상황에 시인은 눈을 번쩍 뜨고 환호한다. 오로지 편익과 발전만을 인간의 목표로 삼고 지구를 파괴하고 화학물질을 마구 생산한 인간에 대한 통절한 반성이 여기 자연에 있다고 말한다. 그래서 이 역병의 상황을 통하여 깊은 성찰과 반성이 필요하다는 것을 사설시조에 담아내고 있다. 지구에 대한 경고는 여러 학자들이 걱정한 바 있지만 『2050 거주 불능 지구』를 저술한 데이비드 월러스 웰즈는 산업혁명 이후 인간이 지구를 거주 불능 상태에 이르게 하였다고 질책하며 이 엄청난 재난을 헤쳐나가야 하는 책임도 우리에게 있다고 강조한다. 탄소 배출로 인한 지구 기온 상승으로 폭염, 산불이 이어지고 더 나아가 가뭄으로 농사가 어려워지며 공기도 물도 마시기 어려운 지경이 닥쳐온다고 경고하고 있다. 이러한 석학들의 메시지를 우리들이 손쉽게 사용하고 있는 '비닐봉지'를 통하여 작품에 담아낸 것은 얼마나 자연스러우며 풍자적인가. 오영빈 시인이 "비닐봉지의 말"을 빌려 지구 생태계의 파괴와 심각한 미래를 짚어본 것은 깊은 성찰과 앞선 지식을 갖춘 선구안이었다고 생각된다.

5. 잔을 닦으며

인생에 있어서 경험은 오로지 세월과 함께하며 체득에 의하여 얻을 수 있는 소중한 자산이다. 그래서 한 인간이 오랜 시간 동안 피땀으로 이룩한 경륜의 힘은 큰 부가가치를 가진다. 오영빈 시인의 작품 곳에서 보여준 탁월한 시안들은 시를 원숙한 경지에 이르게 할 뿐 아니라 긍정과 인내 등의 덕목과 어우러지면서 마치 차가 깊은 맛을 내듯이 삶의 우련한 감칠맛을 내뿜고 있는 것이다.

>무심히
>돌 하나를
>호수에 내던졌다
>
>뜻 모를
>아우성을
>물결이 싣고 간다
>
>세상은
>늘 저 파문에
>반응하는 소용돌이
>―「파문波紋」 전문

삶의 궤도를 잘 꿰고 있는 사람은 인생에 벌어지는

모든 사건의 전말을 한눈에 파악할 수 있는 통찰력이 생긴다. 문제가 시작되는 연유와 파장, 그리고 그 힘이 빚어낼 여파와 방향을 보면 일의 흐름과 결과를 예측할 수 있기 때문이다. "돌 하나"가 "아우성"이 되고 "소용돌이"로 발전하는 것을 알 수 있는 것이 바로 성찰과 반성이 이루어내는 연륜의 힘이다. 이러한 힘이 오영빈 시인의 작품에 스며있고 더욱 빛나는 또 한 가지는 그의 시심에는 정의의 힘이 늘 함께 하고 있는 것을 알 수 있다. 정권이 바뀔 때마다 사회의 전면에 새로운 정책들이 펼쳐지는데 그것들은 다분히 공정을 앞세우지만 그 속에는 자신들에 대한 이익과 손해를 철저히 따진 계산이 숨어 있게 마련이다. 노 시인의 눈에는 그러한 정책들이 마음에 차지 않는다. 공정하지 않은 룰을 적용하며 정권의 입맛만 고려하기 때문이다.

뜰 한가득 한 가지
꽃씨만 심으란다

봄 되면 순백의 꽃
국정화가 예쁘다며

들녘엔 우리 꽃들이
형형색색 아름다운데

—「국정화國定化」 전문

위 작품은 정부가 국사 교과서를 보수 정권 입맛에 맞게끔 손을 봐서 한 가지 단일본 만을 인정한다는 정책에 반기를 든 작품이다. "국정화"를 마치 꽃으로 비유해서 "형형색색 아름다운데"라고 맺은 단수에서 독자들은 우리 사회에 존재하는 다양한 목소리를 인정하고 정부가 주도하는 획일성을 더 확장하라는 요구를 들을 수 있다. 역사를 어느 시각으로 사건을 보느냐에 따라 새롭고 신선한 길을 모색할 수 있다는 것을 국가가 인정해야 한다. 많은 단수에 오영빈 시인의 단말마 같은 외침이 수긋하게 농익어 있는 모습에서 젊은이들도 많은 사유를 새롭게 정리하는 법을 배울 것이다.

    돌부리에 넘어지고 길 탓하던 때였어라
    시리도록 헐거운 몸 이슬 떨던 새벽녘
    모든 게 마련이려니 오늘은 푸른 하늘
                        —「뒤돌아보기」 둘째 수

이제 경험의 힘이 가득 버무려진 오영빈 시인의 세 번째 시집을 읽으며 녹차의 향이 강하지 않으면서도 숙성의 시간을 거치며 정제된 발효차의 묘미를 맛보았다. 시집 제목으로 쓰인「뒤돌아보기」를 읽고 나니 살아온 오랜 세월들이 "돌부리에 넘어지고 길 탓하던 때였어라"라는 말이 저절로 나오는 높은 경지에 서 있는 것을 보게 된다. 길고 힘든 시간들과 "떨던 새벽녘"도 이제는 다 지난 과거의 아득한 일이 되었다. 그래서 그 어둠과 빗줄기와 폭설까지도 활짝 거치고 "오늘은 푸른 하늘" 펼쳐진 모습이 망망茫茫하다. 이제 팔순의 새로운 장을 펼치려는 선생의 시집을 살펴본 필자의 마음은 한껏 느긋해지고 여유로워졌다. 그만큼 새 시집이 주는 경륜의 맛이 서정과 버무려져 빛나고 있기 때문이리라. 전문 직업인으로서 누구보다 바쁜 시간을 보내고 이제 여유로운 여생 앞에 단정하게 서 있는 선생을 생각하면 앞으로 더욱 강건하게 시대를 관망하며 농익은 시조의 장관을 펼쳐주실 것을 믿으며 글을 맺는다.

오영빈吳永彬 | 1942년 해남군에서 태어나고, 본명 영운永芸, 아호 지산芝山이다. 1967년 대한불교신문 신춘현상문예에 시조 입상, 1973년 동아일보 신춘문예에 시조 당선으로 문단에 나오다. 시조집 『광화문 산보』, 『동행』 등을 내고 청록문학상을 받았다. 등단 이후 오랫동안 사실상 활동을 접은 채 생업인 출판사 편집 일에 주로 매달리면서 월간대학입시 편집장, 동아출판사 국어과장, 지학사 국어과이사, 중앙학력연구원 편집상무 등을 지냈고, 도서출판 문장미디어 대표를 끝으로 출판 일을 마감했다. ohjisan5@daum.net

| 한국대표 정형시선 068 |

뒤돌아보기

초판 1쇄 발행일 · 2023년 05월 24일

지은이 | 오영빈
펴낸이 | 노정자
펴낸곳 | 도서출판 고요아침
편 집 | 정숙희 김남규

출판 등록 2002년 8월 1일 제 1-3094호
03678 서울시 서대문구 증가로 29길 12-27, 102호
전화 | 302-3194~5
팩스 | 302-3198
E-mail | goyoachim@hanmail.net
홈페이지 | www.goyoachim.net

ISBN 979-11-6724-130-6(04810)
ISBN 978-89-6039-993-8(세트)

*책 가격은 뒤표지에 표시되어 있습니다.
*지은이와 협의에 의해 인지는 생략합니다.
*잘못된 책은 교환해 드립니다.

ⓒ 오영빈, 2023